Impressum
Verlag: BABADADA GmbH, Nedderfeld 112 , 22529 Hamburg
Geschäftsführer / Verlagsleitung: Harald Hof
Druck: Books on Demand GmbH, In de Tarpen 42, 22848 Norderstedt

Imprint
Publisher: BABADADA GmbH, Nedderfeld 112 , 22529 Hamburg, Germany
Managing Director / Publishing direction: Harald Hof
Print: Books on Demand GmbH, In de Tarpen 42, 22848 Norderstedt

學校

sekolo

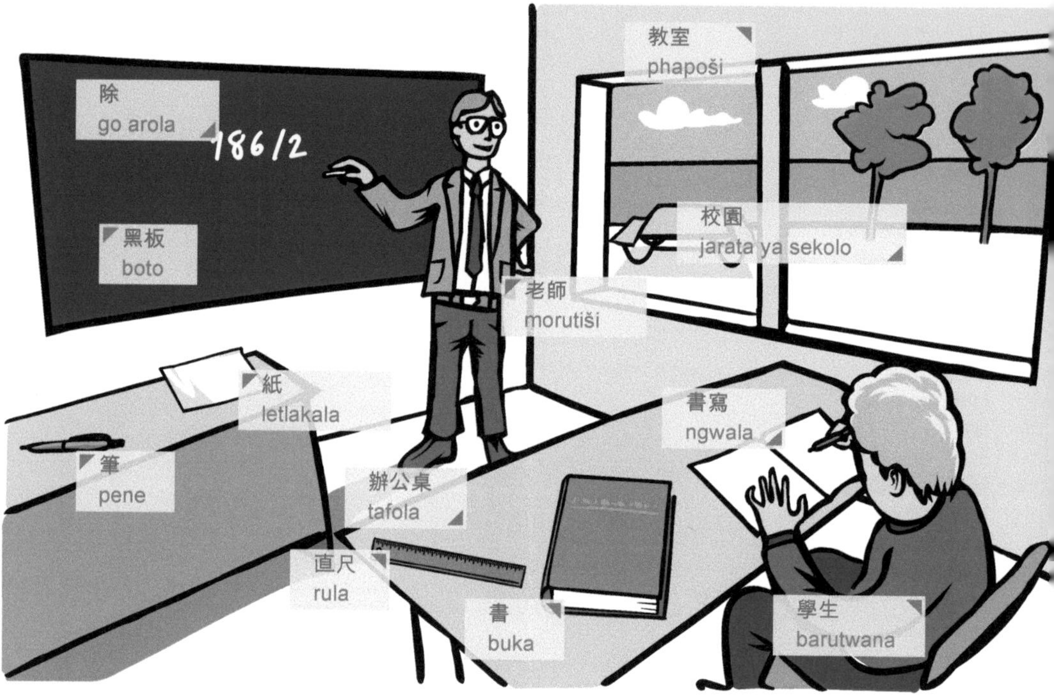

教室
phapoši
除
go arola
186/2
黑板
boto
校園
jarata ya sekolo
老師
morutiši
紙
letlakala
書寫
ngwala
筆
pene
辦公桌
tafola
直尺
rula
書
buka
學生
barutwana

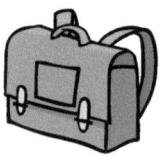

書包

peke

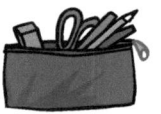

鉛筆盒

kheise ya phensele

鉛筆

phensele

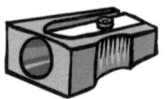

削鉛筆機

motšhene wa go betla phensele

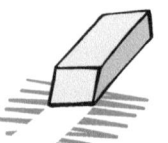

橡皮擦

rabhara

畫板

phede ya ho thala

圖畫
go thala

畫筆
borashe ya go penta

顏料盒
lepokisi la go penta

剪刀
sekero

膠水
sekgomaretši

練習冊
puku ya go ngwala

家庭作業
mošomo wa gae

數字
nomoro

加
tlatša

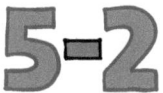

減
go ntšha

乘
go atiša

計算
khalekhuleitha

字母
lengwalo

字母表
alefapete

字
lentšu

課文
mongolo

讀
bala

粉筆
tšhoko

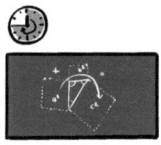

上課
thuto

登記
puku ya maina

考試
thuto

證書
setifikeite

校服
diaparo tša sekolo

教育
thuto

百科全書
encyclopedia

大學
yunibesithi

顯微鏡
maekrosekoupo

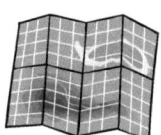

地圖
mmapa

廢紙簍
pasekete ya matlakala a ditšhila

旅行

eta

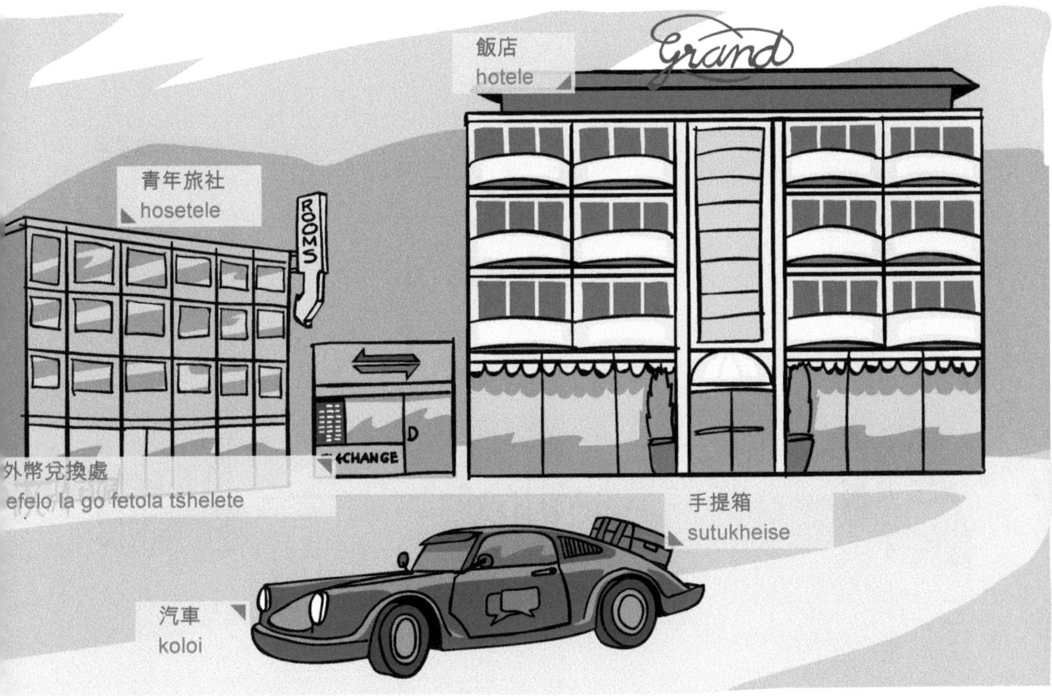

飯店
hotele
Grand
青年旅社
hosetele
ROOMS
外幣兌換處
efelo la go fetola tšhelete
手提箱
sutukheise
汽車
koloi

語言

Leleme

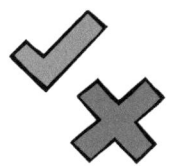

是/否

ee / aowa

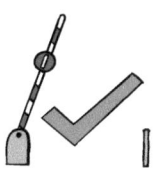

好的

Go lokile

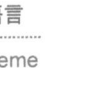

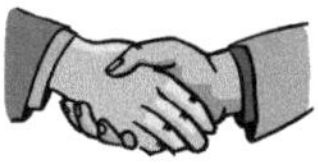

您好

Dumela

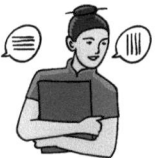

翻譯人員

mofetoledi

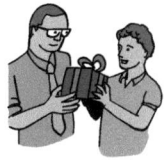

謝謝

Re a leboga

......多少錢？

... ke bokae?

我不明白

ga ke kwešiše

問題

bothata

晚上好！

Thobela!

早上好！

Meso e mebotse!

晚安！

Robala botse!

再見

šala gabotse

方向

keletšo ya tsela

行李

peke

包

peke

背包

mokotla wa dipuku

客人

moeng

房間

phapoši

睡袋

pekana ya go robala

帳篷

mokhukhu

旅行資訊

boitsebišo bja moeti

海灘

lewatleng

信用卡

karata ya mokitlana

早餐

dijo tša mesong

午餐

matena

晚餐

dijo tša mantšiboa

票

thikethe

電梯

lifithi

郵票

setempe

邊界

border

海關

setlwaedi

大使館

embassy

簽證

visa

護照

phasepoto

交通運送

senamelwa

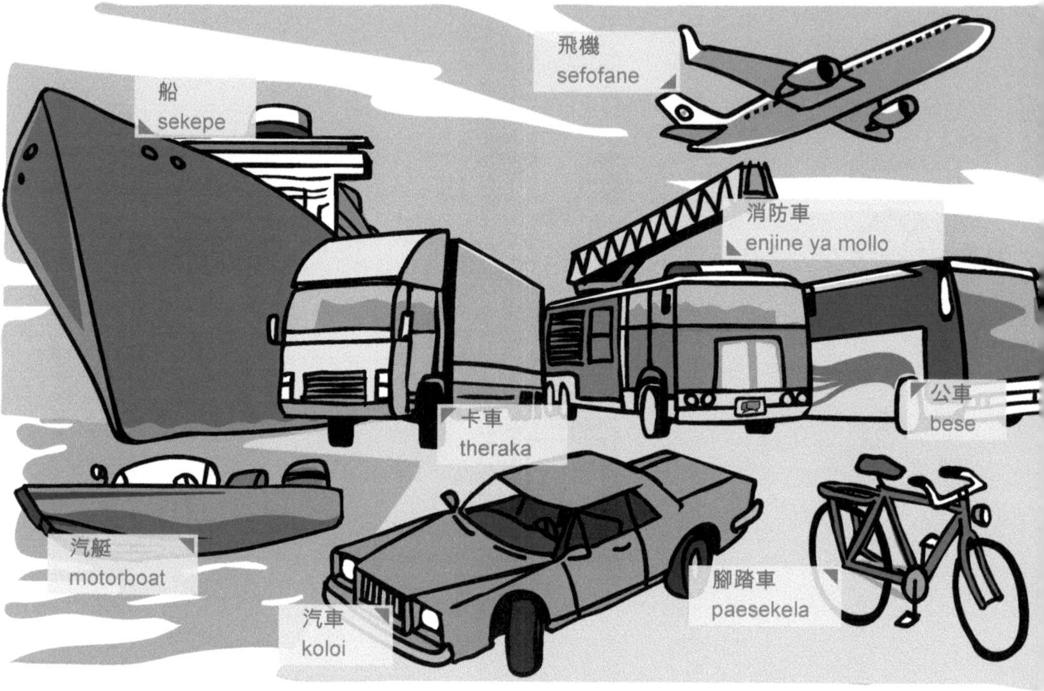

飛機
sefofane
船
sekepe
消防車
enjine ya mollo
公車
bese
卡車
theraka
汽艇
motorboat
腳踏車
paesekela
汽車
koloi

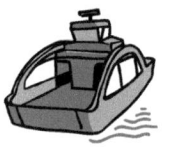

渡輪

feri

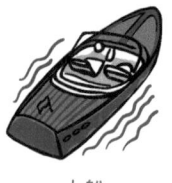

小船

sekepe

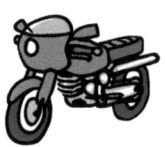

機車

sethuthuthu

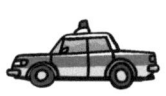

警車

koloi ya maphodisa

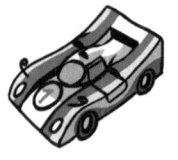

賽車

koloi ya go šiašiana

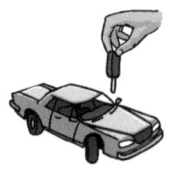

租車

koloi ya go rentišwa

拼車

go arogana koloi

拖車

theraka ya go goga

垃圾車

theraka ya ditlakala

馬達

mmotho

汽油

makhura

加油站

seteišene sa makhura

交通標識

leswao la therafiki

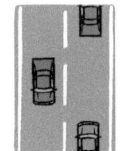

交通

therafiki

交通堵塞

therafiki

停車場

lefelo la go phaka dikoloi

火車站

seteišene sa terene

軌道

tsela

火車

terene

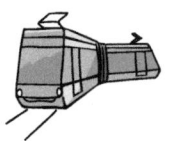

路面電車

theramo

客車廂

koloi

直升機
sefofane

機場
boemafofane

塔
serokami

乘客
monamedi

集裝箱
seswari

紙板箱
lepokisana

手推車
khathe

籃子
basket

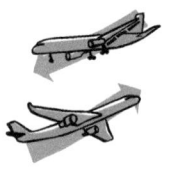

起飛/降落
go tloga / go kwatama

城市
toropo

村莊
motse

市中心
bogareng bja toropo

房子
ntlo

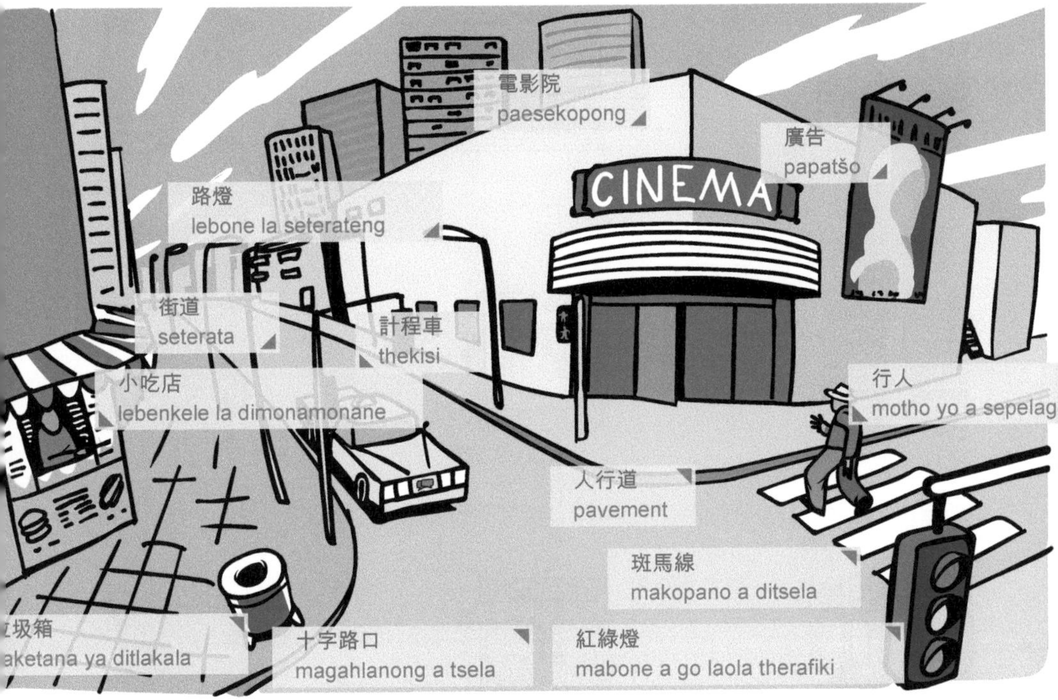

電影院
paesekopong

廣告
papatšo

路燈
lebone la seterateng

街道
seterata

計程車
thekisi

行人
motho yo a sepelag

小吃店
lebenkele la dimonamonane

CINEMA

人行道
pavement

斑馬線
makopano a ditsela

圾箱
aketana ya ditlakala

十字路口
magahlanong a tsela

紅綠燈
mabone a go laola therafiki

小屋

mokutwana

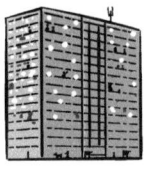

公寓

folete

火車站

seteišene sa terene

市政廳

holo ya toropong

博物館

museamo

學校

sekolo

大學
yunibesithi

銀行
panka

醫院
sepetlele

飯店
hotele

藥房
lebenkele la dihlare

辦公室
ofisi

書店
lebenkele la dipuku

商店
lebenkele la dijo

花店
lebenkele la matšoba

超市
lebenkele la dihlare

市場
mmakete

百貨商店
lebenkele la dilo tše dintši

魚店
fishmonger's

購物中心
lefelo la mabenkele

海港
boemakepe

公園
phaka

長凳
bench

橋
leporogo

樓梯
ditepisi

捷運
ka tlase

隧道
thanele

公車站
boemela pese

酒吧
bar

餐館
lebenkele la dijo

郵筒
lepokisi la poso

路標
leswao la seterata

停車計時器
mithara wa go phaka koloi

動物園
zuu

游泳池
letamo la go rutha

清真寺
lefelo la mamoseleme

城市 - toropo

農場
polasa

污染
tšhilafalo

墓地
mabitla

教堂
kereke

操場
lefelo la go bapala

寺廟
tempele

地形
lefelo la dithaba

樹葉
letlakala

指示牌
leswao la tsela

路
tsela

草地
lefelo kgauswi le noka

石頭
letlapa

徒步旅行者
mophara thaba

樹
mohlare

河
noka

草
bjang

花
letšoba

峽谷
tsela

丘陵
thaba

湖
letangwana la meetsi

森林
sethokgwa

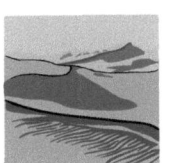

沙漠
leganata

火山
thabamollo

城堡
ntlo e kgolo

彩虹
molalatladi

蘑菇
mushroom

棕櫚樹
palm tree

蚊子
monang

蒼蠅
fofa

螞蟻
ditšhošwane

蜜蜂
nosi

蜘蛛
segokgo

地形 - lefelo la dithaba

甲蟲
khunkhwane

青蛙
segwagwa

松鼠
squirrel

刺蝟
noko

野兔
mmutla

貓頭鷹
leribiši

鳥
nonyana

天鵝
mogolodi

野豬
kolobe ya naga

鹿
phuthi

麋鹿
phuthi

水壩
letamo

風力發電機
wind turbine

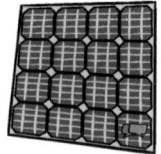

太陽能電池板
phanele ya solar

氣候
leratadima

餐館

lebenkele la dijo

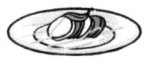

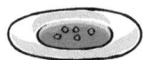

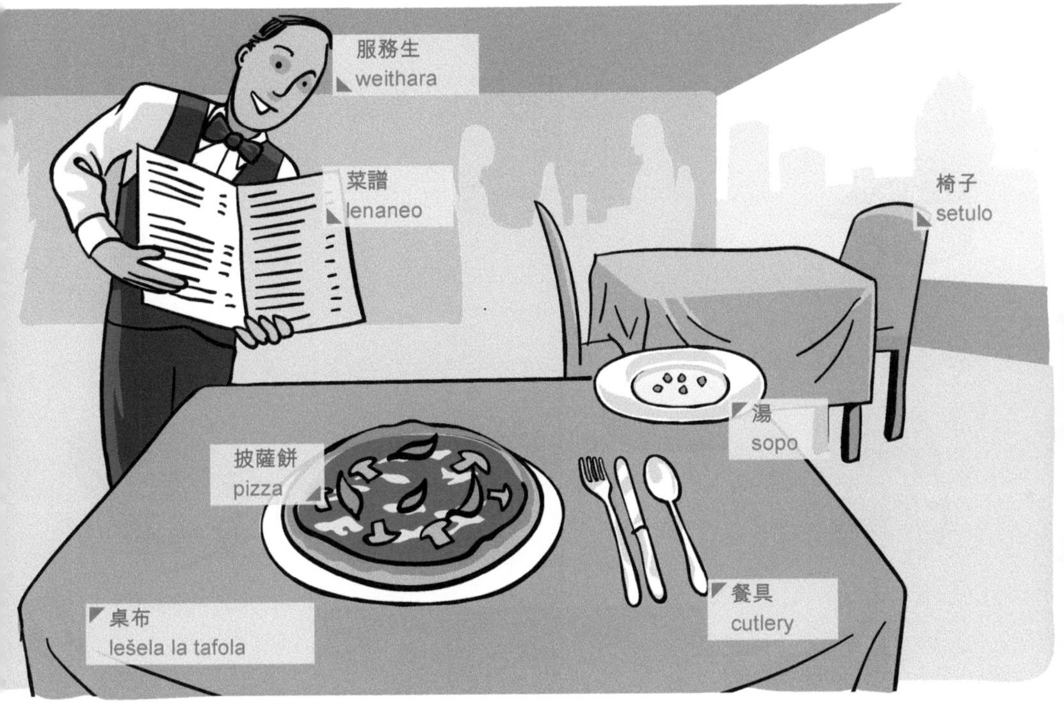

服務生
weithara
菜譜
lenaneo
椅子
setulo
湯
sopo
披薩餅
pizza
餐具
cutlery
桌布
lešela la tafola

前菜

dijo tša mathomo

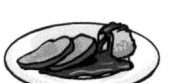

主菜

dijo

甜點

dimonamonane

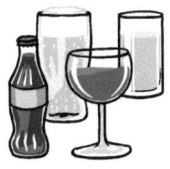

飲料

dino

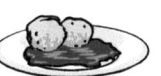

食物

dijo

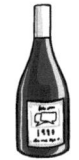

瓶子

lepotlelo la ngwana

速食

fastfood

街邊小吃

dijo tša seterateng

茶壺

ketlele ya tea

糖盒

poleitana swikiri

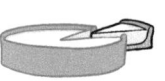

一份飯菜

karolo

義式咖啡機

motšhene wa espresso

高腳椅

setulo sa godimo

帳單

tefo

托盤

therei

刀

thipa

餐叉

foroko

勺子

lelepola

茶匙

lelepola

餐巾

lešela la go iphomola

玻璃杯

galase

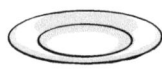

碟子
poleite

湯盤
poleite ya sopo

碟子
sosara

醬
moroto

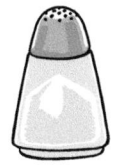

鹽瓶
poto ya letswai

胡椒研磨罐
sešila phepha

醋
vinegar

食用油
makhura

調味料
sepaese

番茄醬
tamatisoso

芥末
masetete

美乃滋
mayonnaise

超市
lebenkele la dihlare

特價
dithekišo tša tlase
FOR
顧客
moreki
乳製品
dijo tša go ba le maswi
水果
dikenywa
購物車
teroli

BUTCHERS

肉鋪

selaga

BAKERY

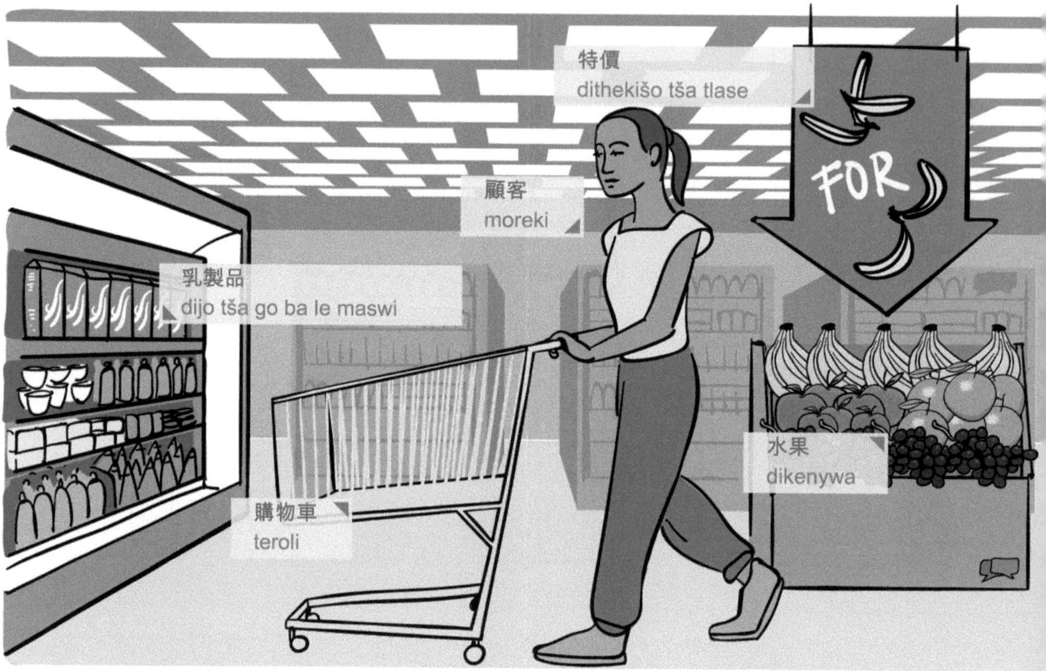

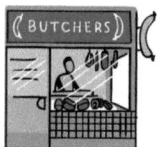

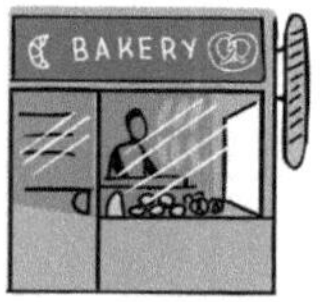

麵包店

moapei wa dikuku

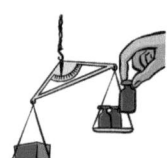

稱重

kala

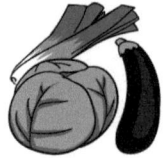

蔬菜

merogo

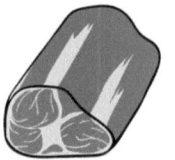

肉

nama

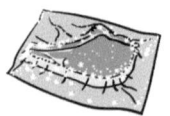

冷凍食品

dijo tše gahlišitšwego

冷盤
nama ya go tonya

罐頭食品
tinned food

洗衣粉
sešepi sa go hlatswa

甜食
dimonamonane

日用品
dilo tša ka ntlong

清潔用品
didirišwa tša go hlwekiša

銷售員
morekiši

收銀機
till

收銀員
morekiši

購物清單
lenaneo la tše rekišwago

開放時間
diiri tša go bula

錢包
sepatšhe

信用卡
karata ya mokitlana

袋子
peke

塑膠袋
peke ya polasetiki

水

meetsi

果汁

Juice

牛奶

maswi

可樂

coke

紅酒

beine

啤酒

bhiri

酒

bjala

可可

cocoa

茶

tea

咖啡

kofi

義式濃縮咖啡

espresso

卡布奇諾

cappuccino

香蕉

banana

蘋果

apola

柳丁

namome

西瓜

melon

檸檬

namone

胡蘿蔔

carrot

大蒜

garlic

竹子

bamboo

洋蔥

keiye

蘑菇

mushroom

堅果

ditokomane

麵條

noodles

義大利麵

spaghetti

米飯

raese

沙拉

salate

薯條

ditšhipisi

炸馬鈴薯

matapola a gadikilwego

披薩餅

pizza

漢堡

hambeka

三明治

sandwich

炸豬排

cutlet

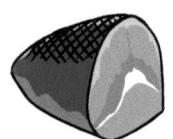

火腿

ham

義大利臘腸

salami

香腸

sausage

雞肉

kgogo

烤肉

gadika

魚

hlaphi

燕麥片

bogobe bja oats

木斯里

muesli

玉米片

cornflakes

麵粉

folouro

牛角麵包

croissant

麵包捲

dipanse

麵包

borotho

吐司

toaster

餅乾

dipisikiti

奶油

botoro

凝乳

curd

蛋糕

kuku

蛋

lee

煎蛋

lee le gadikilwego

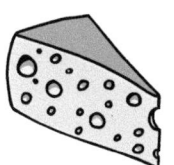

起司

tshese

冰淇淋
ice cream

糖
swikiri

蜂蜜
todi ya dinosi

果醬
jeme

巧克力醬
chocolate spread

咖哩
curry

農舍
ntlo ya polasa

糧倉
barn

稻草捆
bojwang

田野
mašemo

馬
pere

拖車
letorokisi

馬駒
pere

拖拉機
terekere

驢
pokolo

羊
nku

羔羊
kwana

山羊

pudi

奶牛

kgomu

小牛

namane

豬

kolobe

小豬

kolobjana

公牛

poo

鵝

leganse

鴨

leganse

小雞

letswienyane

母雞

kgogo

公雞

mokoko

鼠

legotlo

貓

katse

老鼠

legotlo

牛

pholo

狗

mpša

狗屋

ntlwana ya mpša

花園澆水軟管

lethompo la seratswana

澆水壺

khene ya meetse

長柄大鐮刀

peke

犁

megoma ya terekere

鐮刀
sekele

鋤頭
mogoma

長柄草耙
foroko

斧頭
selepe

獨輪手推車
kiribai

飼料槽
letangwana la meetsi

牛奶罐
khene ya maswi

麻布袋
lesaka

柵欄
fense

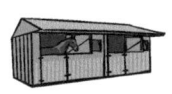

馬廄
stable

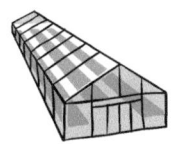

溫室
ntlwana ya galase ya
dihlare

土壤
mobu

種子
peu

肥料
manyora

聯合收割機
motšhene wa go buna

收割
buna

收割
buna

地瓜
tse monate

小麥
korong

大豆
soy

土豆
letapola

玉米
korong

油菜籽
rapeseed

果樹
mohlare wa dikenywa

樹薯
cassava

穀物
disereale

房子

ntlo

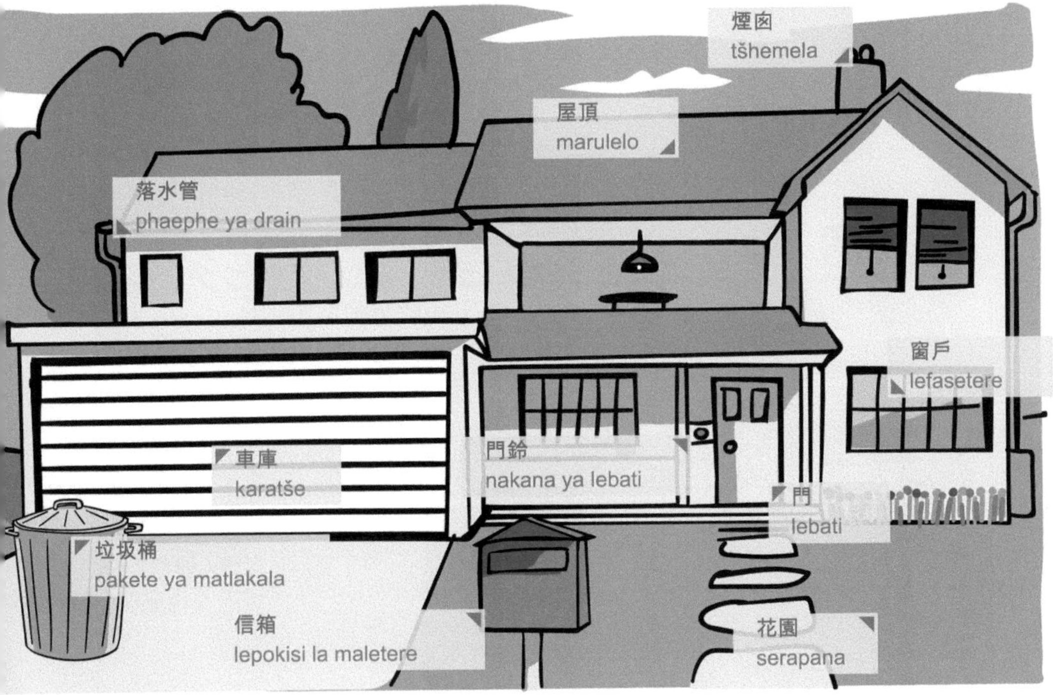
煙囪
tšhemela
屋頂
marulelo
落水管
phaephe ya drain
窗戶
lefasetere
車庫
karatše
門鈴
nakana ya lebati
門
lebati
垃圾桶
pakete ya matlakala
信箱
lepokisi la maletere
花園
serapana

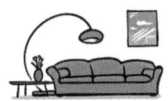

客廳

phapoši ya go dula

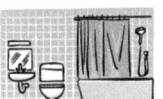

浴室

kamora ya go hlapela

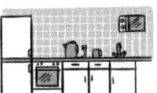

廚房

boapeelo

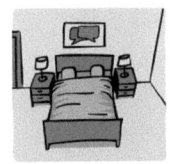

臥室

phapoši ya go robala

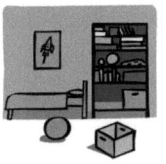

兒童房

phapoši ya bana

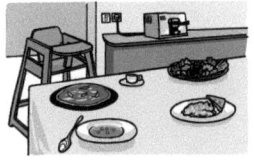

餐廳

lefelo la boiketlo

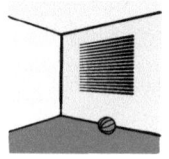

地板
fase

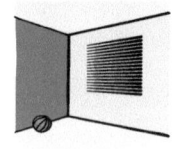

牆壁
lebota

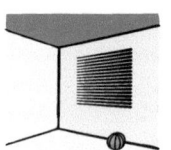

天花板
siling

地窖
cellar

三溫暖
sauna

陽臺
letsikangope

露臺
lelapa

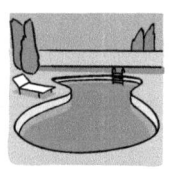

游泳池
letamo la go rutha

割草機
motšhene wa go sega bjang

被單
lešela la go iphomola

床罩
lešela la mpeto

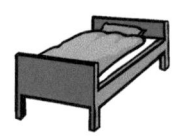

床
mpeto

掃帚
leswielo

水桶
pakete

開關
pholaka

phapoši ya go dula

壁紙
senepe sa sedirišwa
相片
senepe
檯燈
lebone
擱架
shelofe
櫥櫃
khaboto
電視
thelebišene
壁爐
lefelo la mollo
花
letšoba
墊子
kobo
沙發
sofa
花瓶
vase
遙控器
remote control

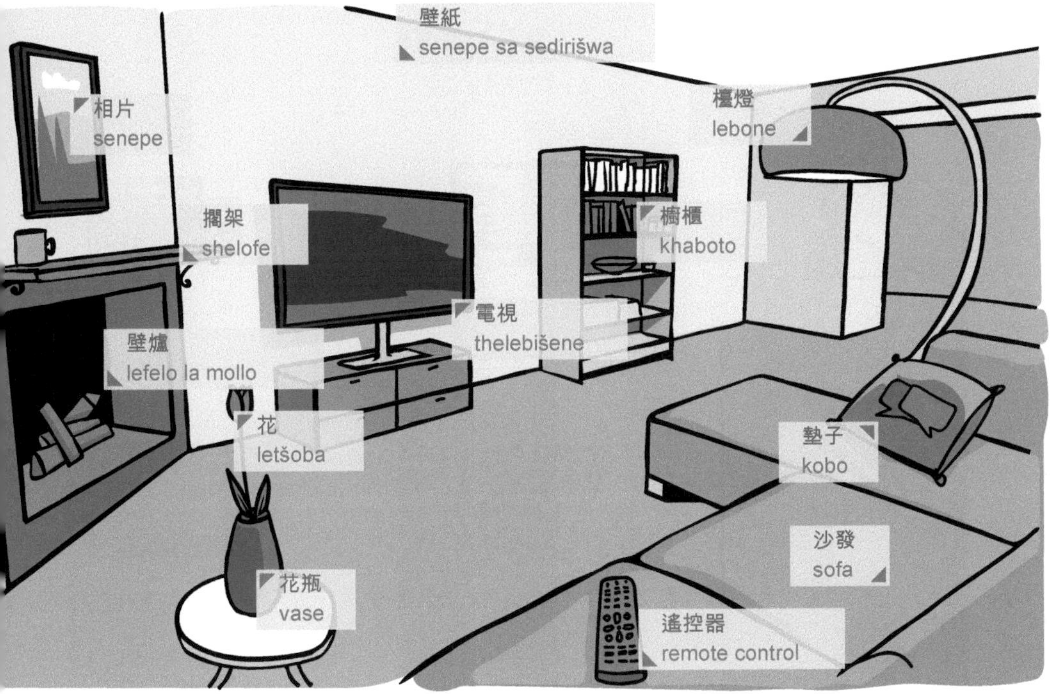

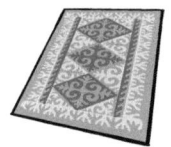

地毯

khaphete

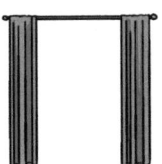

窗簾

garetene

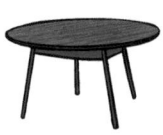

餐桌

tafola

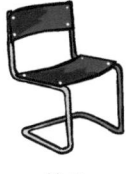

椅子

setulo

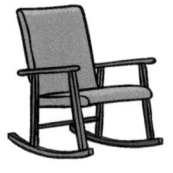

搖椅

rocking chair

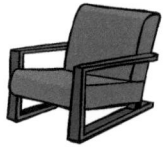

扶手椅

armchair

書
buka

毯子
kobo

裝飾品
bokgabišo

木柴
dikota tša mollo

電影
filimi

高傳真音響
sedirišwa sa hi-fi

鑰匙
senotlelo

報紙
kuranta

油畫
go penta

海報
phouseta

收音機
radio

筆記本
pukwana ya go ngwala

吸塵器
motšhene wa go hlwekiša

仙人掌
mohlašana wa cactus

蠟燭
kerese

廚房
boapeelo

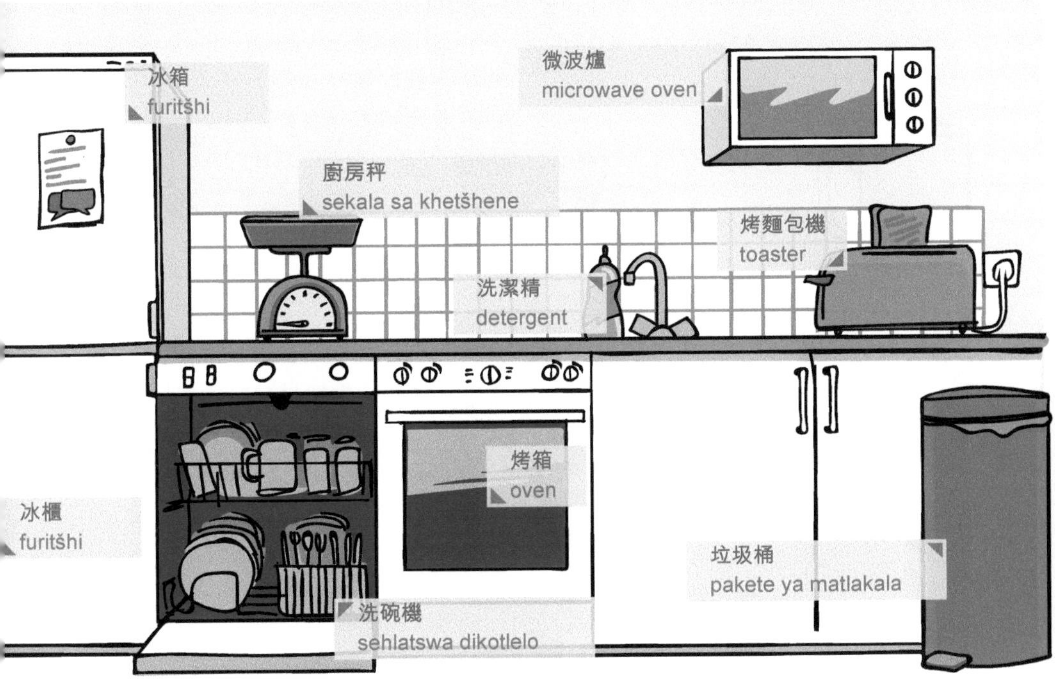
冰箱
furitšhi
微波爐
microwave oven
廚房秤
sekala sa khetšhene
烤麵包機
toaster
洗潔精
detergent
烤箱
oven
冰櫃
furitšhi
垃圾桶
pakete ya matlakala
洗碗機
sehlatswa dikotlelo

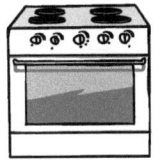

炊具

moapei

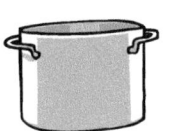

鍋

pitša

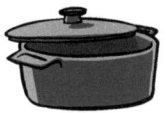

鑄鐵鍋

cast-iron pot

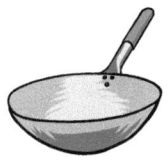

炒鍋

wok / kadai

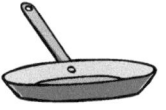

平底鍋

pane

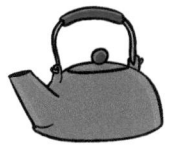

水壺

ketlele

蒸鍋

steamer

烤盤

therei ya go paka

陶瓷鍋

dikotlelo

馬克杯

komiki

碗

mogopo

筷子

diphathana tša go ja

長柄勺

lelepola la ladle

鏟子

spatula

攪拌器

whisk

濾網

strainer

篩子

sefo

磨碎機

kereitara

研缽

mortar

燒烤

barbecue

明火

thuntšha

菜板
boto ya dijo

擀麵杖
rolling pin

開瓶器
sebula lepotlelo

罐子
khene

開罐器
sebula khene

隔熱手套
seswara dipoto

水槽
sinki

刷子
borashe

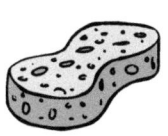

海綿
sepontše

攪拌機
sehlakanyi

冷藏箱
freezer

奶瓶
lepotlelo la ngwana

水龍頭
pompi

浴室

kamora ya go hlapela

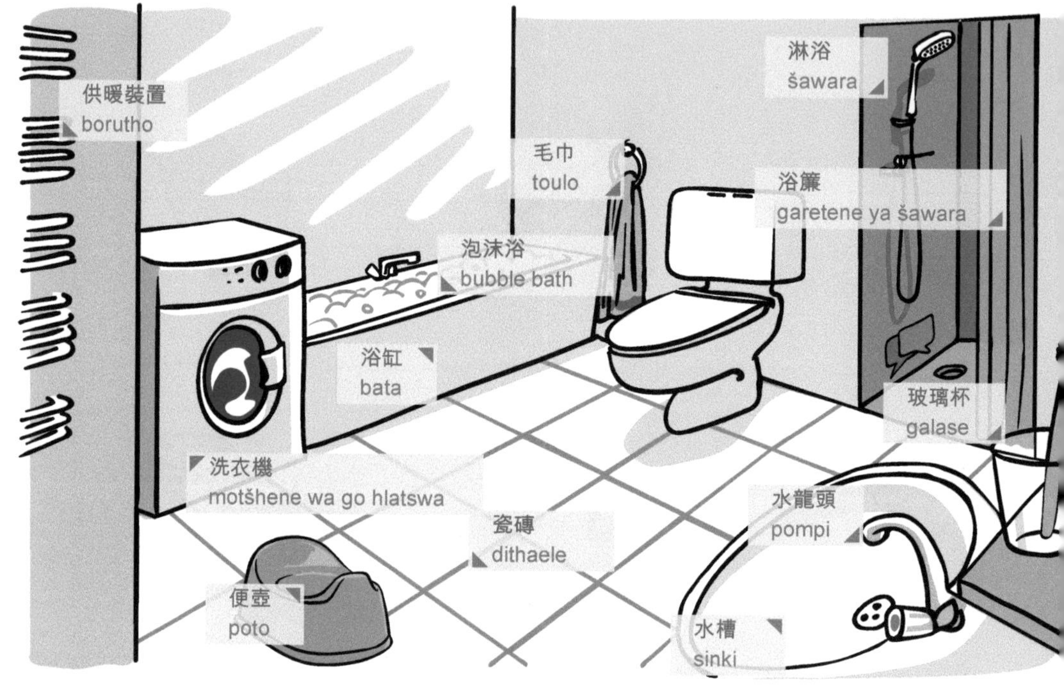

淋浴
šawara
供暖装置
borutho
毛巾
toulo
浴簾
garetene ya šawara
泡沫浴
bubble bath
浴缸
bata
玻璃杯
galase
洗衣機
motšhene wa go hlatswa
水龍頭
pompi
瓷磚
dithaele
便壺
poto
水槽
sinki

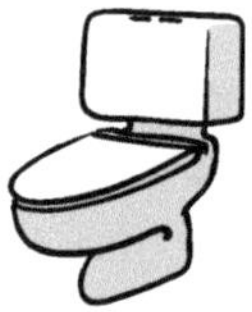

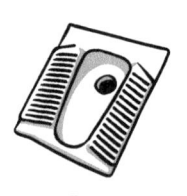

廁所

ntlwana

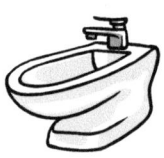

蹲便器

ntlwana ya ho tshorama

坐浴器

bidet

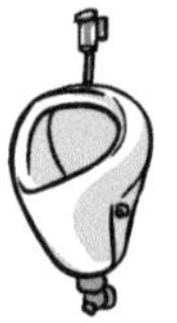

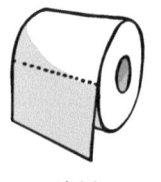

小便斗

moroto

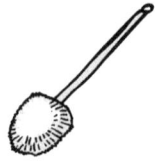

廁紙

pampiri ya ntlwana

馬桶刷

boraše ya ntlwana

牙刷

oraše ya ho hlapa meno

牙膏

sešepi sa meno

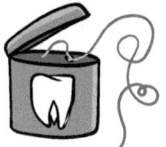

牙線

floss ya meno

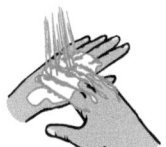

洗

hlatswa

手持式蓮蓬頭

shawara ya go swarwa ka matsogo

沖洗器

douche

洗臉盆

basin

洗背刷

back brush

肥皂

sešepi

沐浴露

sešepi sa ka šawareng

洗髮乳

shampoo

法蘭絨

folene

排水

drain

乳霜

sa go tlola

除臭劑

senkgiša bose

浴室 - kamora ya go hlapela

39

鏡子

seipone

手鏡

sepili se senyenyane

刮鬍刀

legare

刮鬍泡沫

shaving foam

鬍後水

aftershave

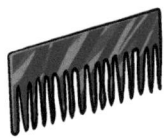

梳子

kamo

刷子

boraše

吹風機

derayara ya moriri

噴髮定型劑

setlola sa moriri

化妝品

makeup

唇膏

setlola sa molomo

指甲油

varnish ya manala

化妝棉

wulu

指甲剪

sekero sa dinala

香水

phefumo

洗漱包

pekana ya tša go hlapa

凳子

setulo

計重秤

sekala

浴袍

toulwana ya go hlapa

橡膠手套

ditlelafo tša rabara

衛生棉條

tampon

衛生棉

toulo ya go phumula
matsogo

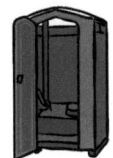

化學廁所

ntlwana ya dikhemikhale

兒童房
phapoši ya bana

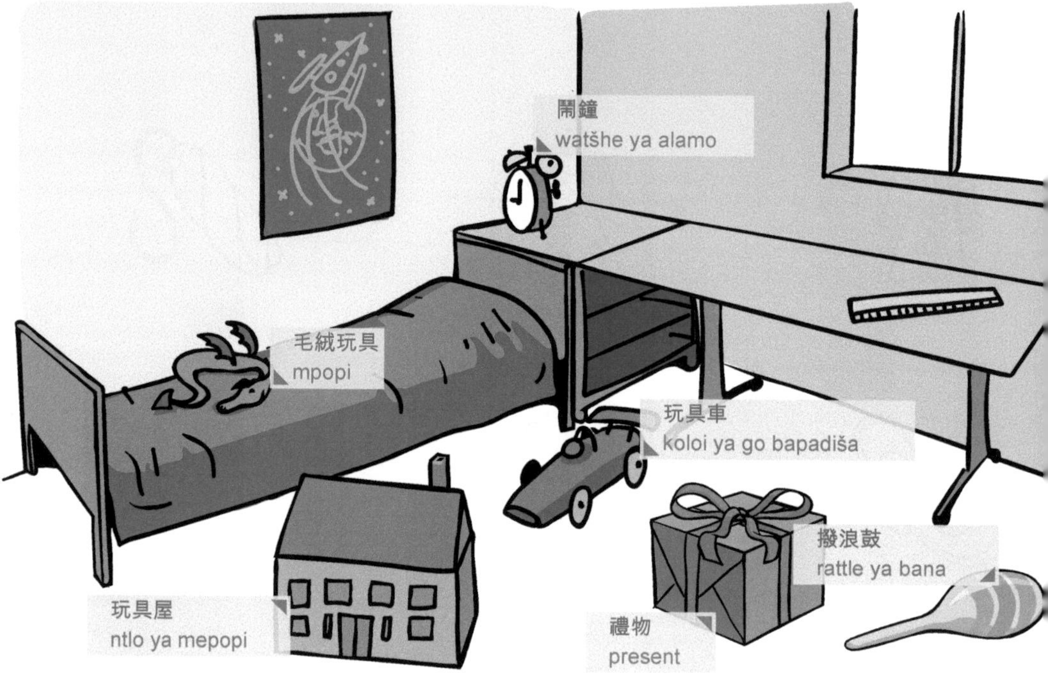

鬧鐘
watšhe ya alamo
毛絨玩具
mpopi
玩具車
koloi ya go bapadiša
撥浪鼓
rattle ya bana
玩具屋
ntlo ya mepopi
禮物
present

氣球
baluni

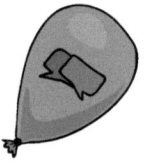

床
mpeto

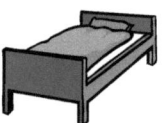

嬰兒車
phorema

撲克牌
dikarata

拼圖
papadi ya jigsaw

SUPER
MEGA

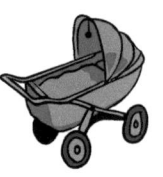

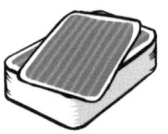

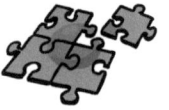

漫畫
metlae

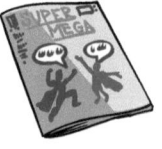

樂高積木

papadi ya lego bricks

積木玩具

papadi ya building blocks

公仔

action figure

嬰兒服

go gola ga ngwana

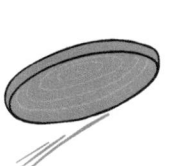

飛盤

papadi ya Frisbee

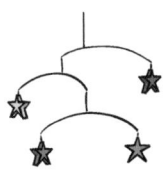

床鈴玩具

mobile

棋盤遊戲

papadi ya boto

骰子

letaese

火車模型

model train set

安撫奶嘴

tami

派對

phathi

繪本

puku ya dinepe

球

kgwele

洋娃娃

mpopi

玩

bapala

兒童房 - phapoši ya bana

沙坑

sandpit

鞦韆

swing

玩具

tša go bapadiša

電玩遊戲

sedirišwa sa dipapadi tša bidio

三輪車

paesekele ya bana

泰迪熊

teddy bear

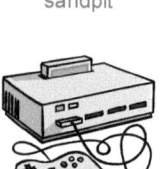

衣櫃

oteropo

衣服

diaparo

襪子

masokisi

長襪

masokisi

緊身褲

pentihouso

圍巾
sekhafo

皮帶
lepanta

雨傘
amporela

T恤
sekhipha

運動鞋
diteki

靴子
diputsu

拖鞋
deselephara

涼鞋
ramphešane

鞋
dieta

雨靴
diputsu tša rabara

內褲
borokgwana bja ka fase

胸罩
seaparo sa bra

背心
besete

衣服 - diaparo

身體
mmele

褲子
marokgo

牛仔褲
pokathe

短裙
sekhethe

女式襯衫
seaparo sa blouse

襯衫
hempe

套頭衫
jase

連帽上衣
jase

西裝夾克
seaparo sa blazer

夾克
baki

外套
jase

雨衣
jase ya pula

套裝
khosetumo

連衣裙
roko

婚紗
lešira

西裝
sutu

睡袍
seaparo sa go robala

睡衣
dipejama

莎麗
sari

頭巾
sekafo

包頭巾
turban

波卡
seaparo sa burqa

卡夫坦
roko ya kaftan

(阿拉伯式)長袍
abaya

泳衣
seaparo sa go rutha

男式泳褲
diteranka

短褲
marukgwana a manyenyane

運動服
terekesutu

圍裙
apron

手套
ditlelafo

鈕扣
konope

眼鏡
digalase

手鏈
boreiselete

項鍊
nekeleise

戒指
palamonwana

耳環
lengena

便帽
kepisi

衣架
hengere ya jase

帽子
kefa

領帶
thai

拉鍊
zip

安全帽
helmete

背帶
braces

校服
diaparo tša sekolo

制服
unifomo

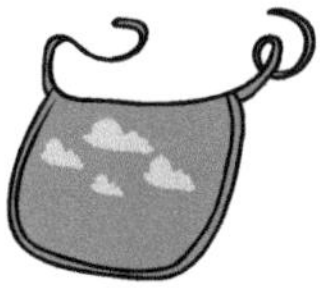

圍兜

seaparo sa bib

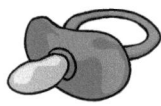

安撫奶嘴

tami

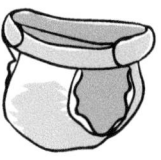

尿布

mongato

辦公室

ofisi

伺服器
sebara
檔案櫃
lekase la difaele
紙
letlakala
印表機
phrinthara
螢幕
monitharaw
滑鼠
mouse
辦公桌
tafola
資料夾
foldara
鍵盤
keybhoto
ete ya matlakala a ditšhila
電腦
khomphutha
椅子
setulo

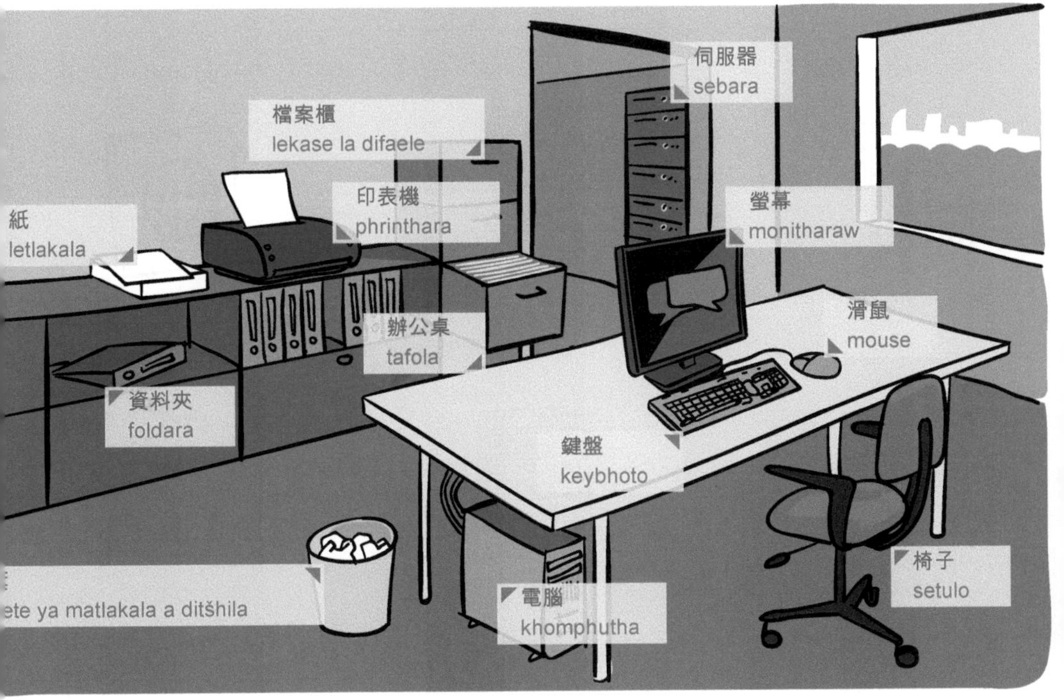

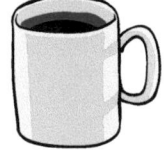

咖啡杯

komiki ya kofi

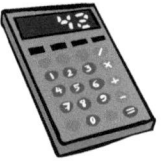

計算機

khalekhuleitha

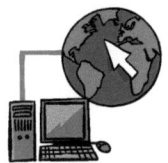

網際網路

inthanete

筆記型電腦

laptop

信件

lengwalo

簡訊

molaetša

行動電話

mogalathekeng

網路

netweke

影印機

motšhene wa go
photokhopa

軟體

software

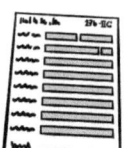

電話

mogala

插座

pholaka ya sokete

傳真機

motšhine wa go fekesa

表格

fomo

檔案

dipampiri

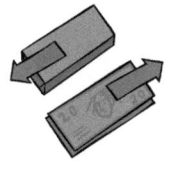

買

reka

付錢

lefa

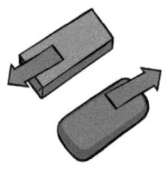

交易

rekiša

現金

tšhelete

美元

dollar

歐元

euro

日元

yen

盧布

rouble

瑞士法郎

Swiss franc

人民幣

renminbi yuan

盧比

rupee

提款處

lefelo la go ntšha tšhelete

外幣兌換處

lefelo la go fetola tšhelete

金

gauta

銀

silifera

石油

oil

能源

matla

價格

poraese

合約

konteraka

稅金

motšhelo

股票

setokho

工作

mošomo

職員

mošomi

老闆

mothwadi

工廠

feketori

商店

lebenkele la dijo

警官
lephodisa

消防員
setimamollo

廚師
apea

醫師
ngaka

飛行員
mofofiši wa difofane

園丁
nohlokomedi wa dirapana

木匠
mmetli

裁縫
moroki

法官
moahlodi

化學家
khemise

演員
mmapadi

公車司機

mootledi wa pase

計程車司機

mootledi wa thekisi

漁夫

moswara dihlapi

清洗女工

mosadi wa go hlwekiša

屋頂工

molokiša marulelo

服務生

weithara

獵人

motsomi

畫家

motho wa go penta

麵包師

mopaki

電工

electrician

建築工人

moagi

工程師

moenjeneare

屠夫

selaga

水管工

polambara

郵差

mosepediši wa poso

士兵

mohlabani

建築師

mothadi wa dintlo

收銀員

morekiši

花農

molemi wa matšoba

理髮師

mologi wa moriri

售票員

molaodi

機械技師

mekhenikhe

船長

mokapotene

牙醫

ngaka ya meno

科學家

rathutamahlale

拉比

moruti

伊瑪目

moetapele wa dithapelo

和尚

monk

牧師

moruti

工具

didirišwa

鐵錘
hamola
螺絲起子
screwdriver
鉗子
tang
扳手
sepanere
手電筒
lebone

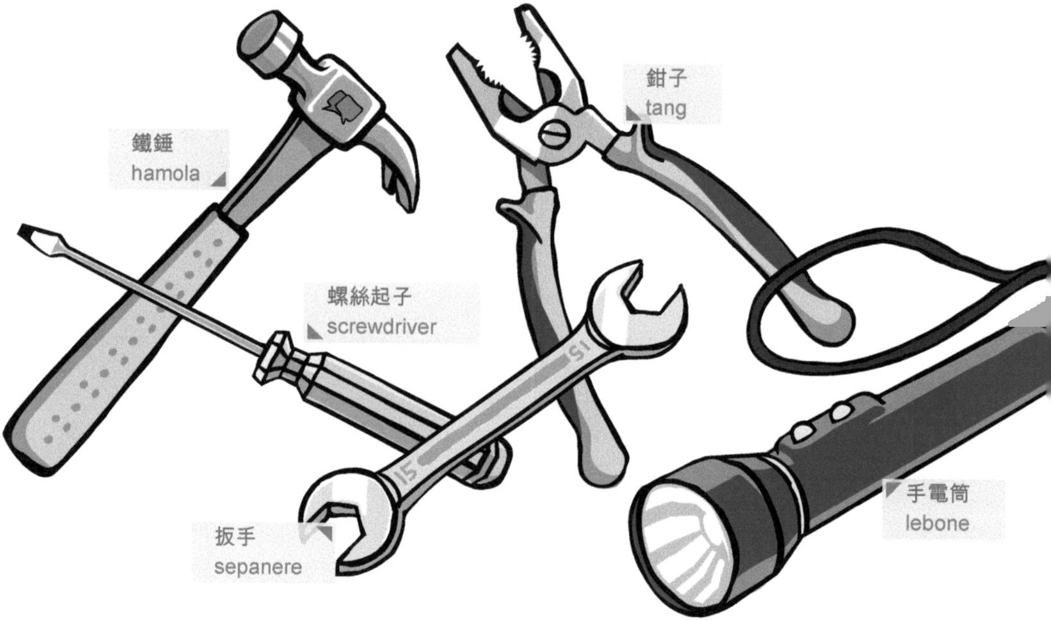

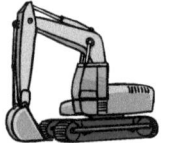

挖掘機

seepi

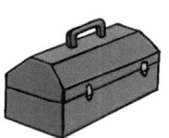

工具箱

lepokisi la dithulusi

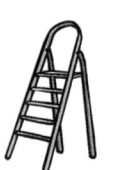

梯子

llere

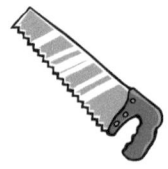

鋸子

saga

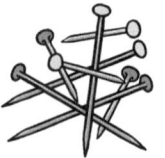

釘子

dipikiri

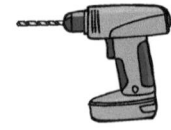

鑽機

sebori

修
lokiša

鏟子
garafo

糟糕！
ijoo!

畚箕
seolela matlakala

油漆桶
pitša ya pente

螺絲
sekurufu

樂器

didirišwa tša mmino

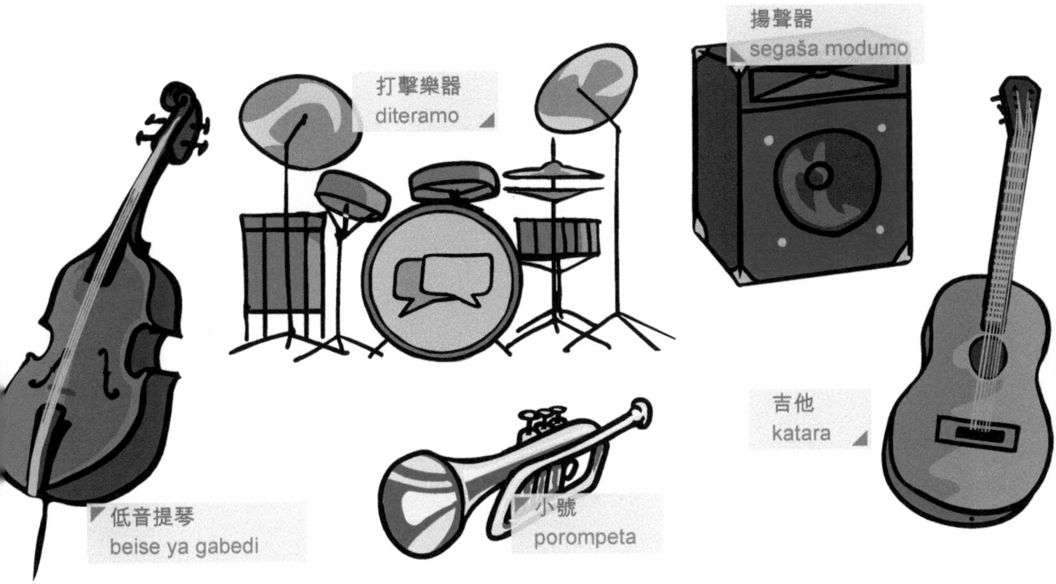

打擊樂器
diteramo

揚聲器
segaša modumo

低音提琴
beise ya gabedi

小號
porompeta

吉他
katara

鋼琴
piano

小提琴
violin

貝斯
beise

定音鼓
timpani

鼓
diteramo

電子琴
keybhoto

薩克斯風
saxophone

長笛
phala

麥克風
mmaekrofouno

動物園

zuu

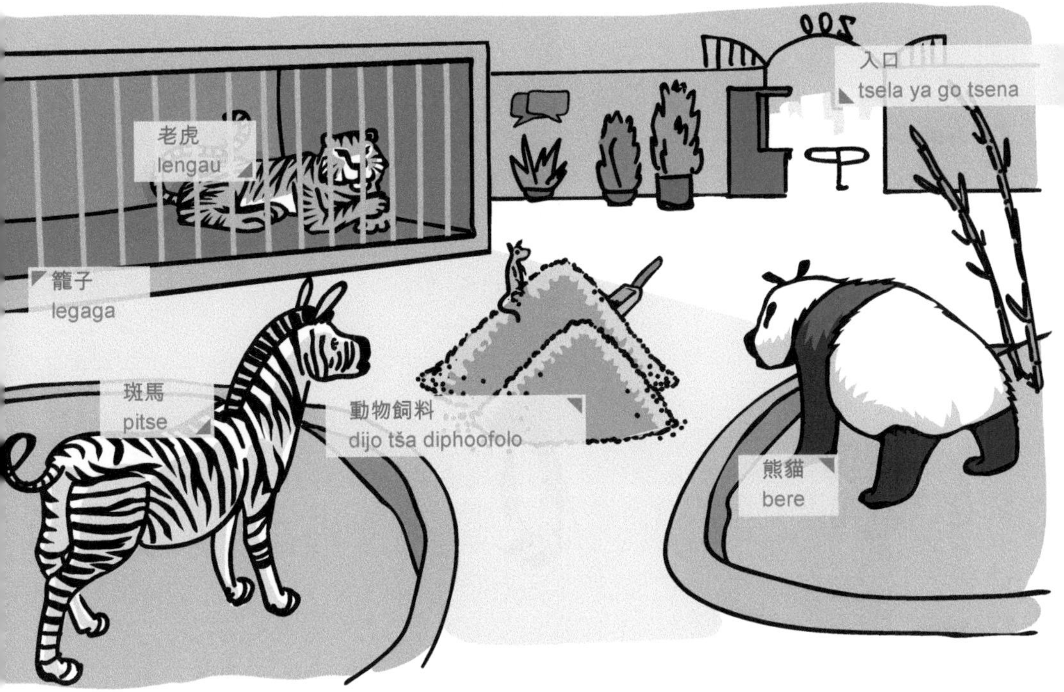

入口
tsela ya go tsena
老虎
lengau
籠子
legaga
斑馬
pitse
動物飼料
dijo tša diphoofolo
熊貓
bere

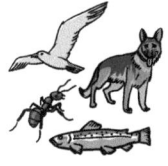

動物

diphoofolo

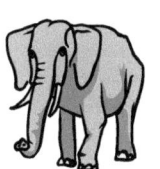

大象

tlou

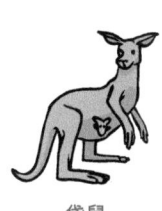

袋鼠

kangaroo

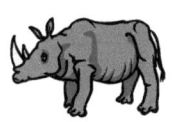

犀牛

tšhukudu

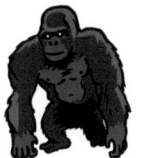

大猩猩

gorilla

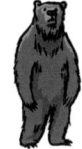

熊

bere

駱駝

kamela

鴕鳥

mpšhe

獅子

tau

猴子

tšhwene

紅鶴

nonyana ya flamingo

鸚鵡

nonyana ya parrot

北極熊

bere ya polar

企鵝

penguin

鯊魚

shark

孔雀

phikoko

蛇

noga

鱷魚

kwena

動物園管理員

mohlokomedi wa di zoo

海豹

sili

美洲豹

jaquar

矮種馬

pokolo

豹

lepogo

河馬

hippo

長頸鹿

thutlwa

老鷹

lenong

野豬

kolobe ya naga

魚

hlaphi

龜

khudu

海象

walrus

狐狸

phiri

羚羊

phuthi

橄欖球
kgwele ya Amerika

騎腳踏車
go reila paesekela

網球
thenese

籃球
basketball

游泳
go rutha

拳擊
ntwa ya matswele

冰球
hockey ya lehlweng

美式足球
kgwele ya maoto

羽毛球
badminton

田徑
bakitimi

手球
polo ya matsogo

滑雪
skiing

馬球
polo

跳 taboga

擁抱 gokara

笑 sega

走路 sepela

唱 opela

做夢 lora

祈禱 rapela

親吻 atla

書寫	畫	展示
ngwala	thala	bontšha

推	給	拿
kgorometša	efa	tšea

有
e ba le

做
dira

當
eba

站
ema

跑
kitima

拉
goga

丟
lahlela

摔倒
e wa

躺
maaka

等待
emanyana

攜帶
rwala

坐
dula

穿衣
go apara

睡覺
robala

醒來
tsoga

看
lebelela

哭
lla

擊
seterouko

梳頭
kamo

交談
bolela

明白
kwešiša

問
botšiša

聽
theetša

喝
e nwa

吃
eja

清理
hlwekiša

愛
lerato

做飯
apea

開車
otlela

飛
fofa

活動 - mediro

航行

sesa

計算

khalekhuleitha

讀

bala

學習

ithute

工作

mošomo

結婚

nyala

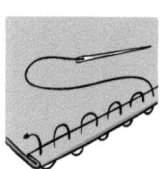

縫

roka

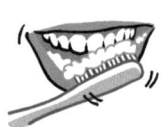

刷牙

hlapa meno

殺

bolaya

抽菸

kgoga

寄

romela

祖母
makgolo

祖父
rakgolo

父親
tate

母親
mma

嬰兒
ngwana

女兒
morwedi

兒子
morwa

客人

moeng

阿姨

rakgadi

叔叔

malome

兄弟

abuti

姐妹

sesi

身體

mmele

前額
phatla
眼睛
leihlo
肩膀
magetla
手指
monwana
臉
sefahlego
下巴
seledu
手
seatla
乳房
letswele
腿
leoto
手臂
letsogo

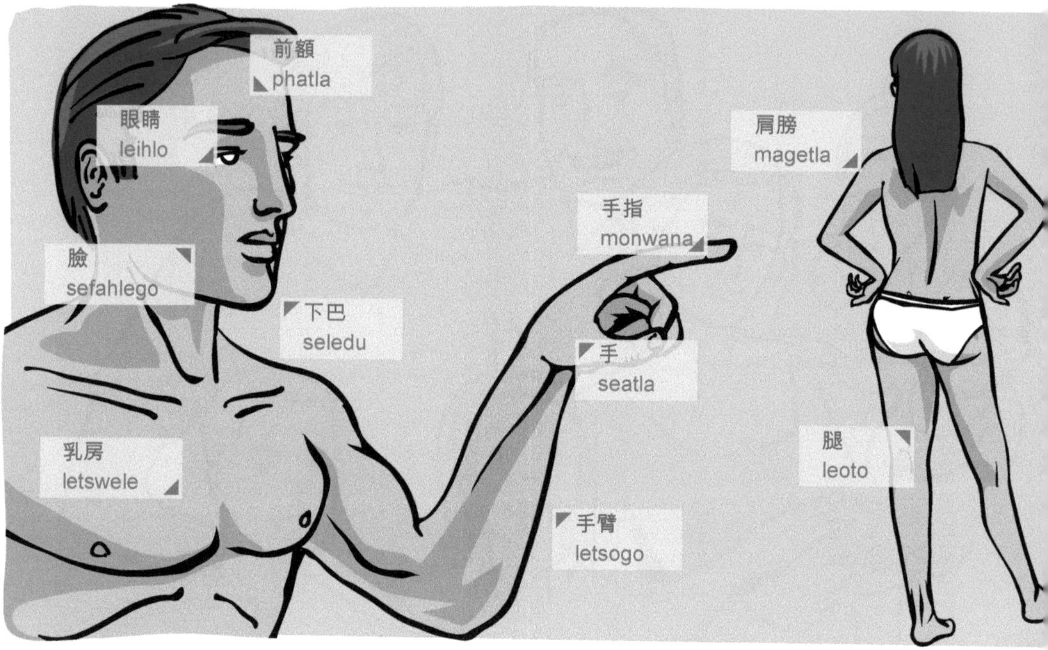

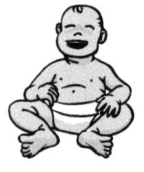

嬰兒

ngwana

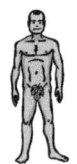

男人

monna

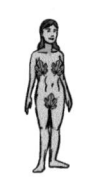

女人

mosadi

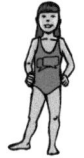

女孩

kgarebe

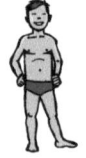

男孩

mošemane

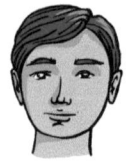

頭

hlogo

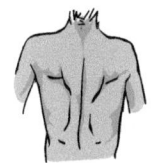

背部
morago

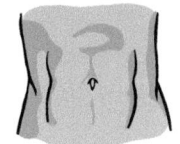

肚子
mokhaba

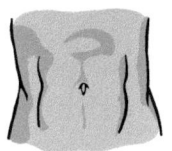

肚臍
mokhubu

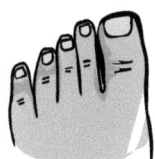

腳趾
monwana

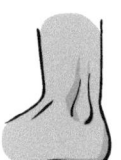

腳後跟
tlhako

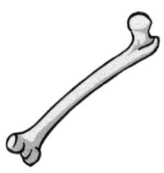

骨頭
lerapo

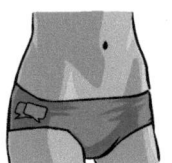

臀部
matheka

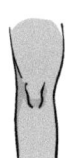

膝蓋
leoto

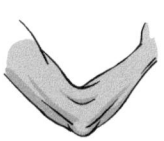

手肘
khuru

鼻子
nko

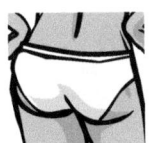

屁股
tlase

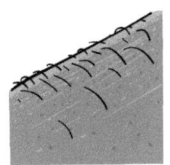

皮膚
letlalo

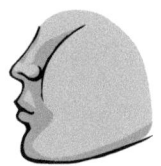

臉頰
lerama

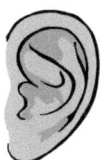

耳朵
tsebe

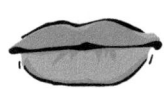

嘴唇
molomo

嘴
molomo

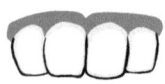

牙齒
leino

舌頭
Leleme

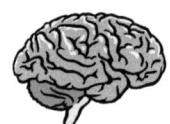

腦
bjoko

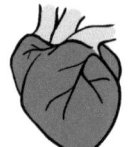

心臟
pelo

肌肉
segoba

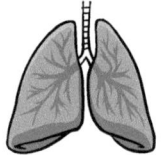

肺
maswafo

肝臟
sebete

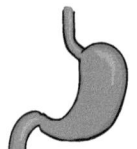

胃
mala

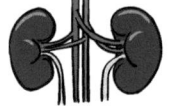

腎臟
diphsio

性交
thobalano

保險套
condom

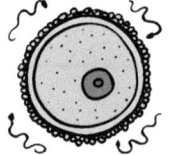

卵子
Ovum

精子
matshedi

懷孕
go ima

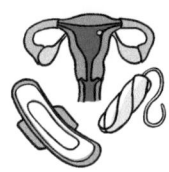

月事

go bona kgwedi

陰道

setho sa bosadi

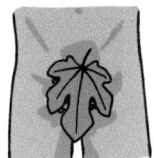

陰莖

setho sa bonna

眉毛

dintši

頭髮

moriri

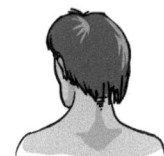

脖子

molala

醫院

sepetlele

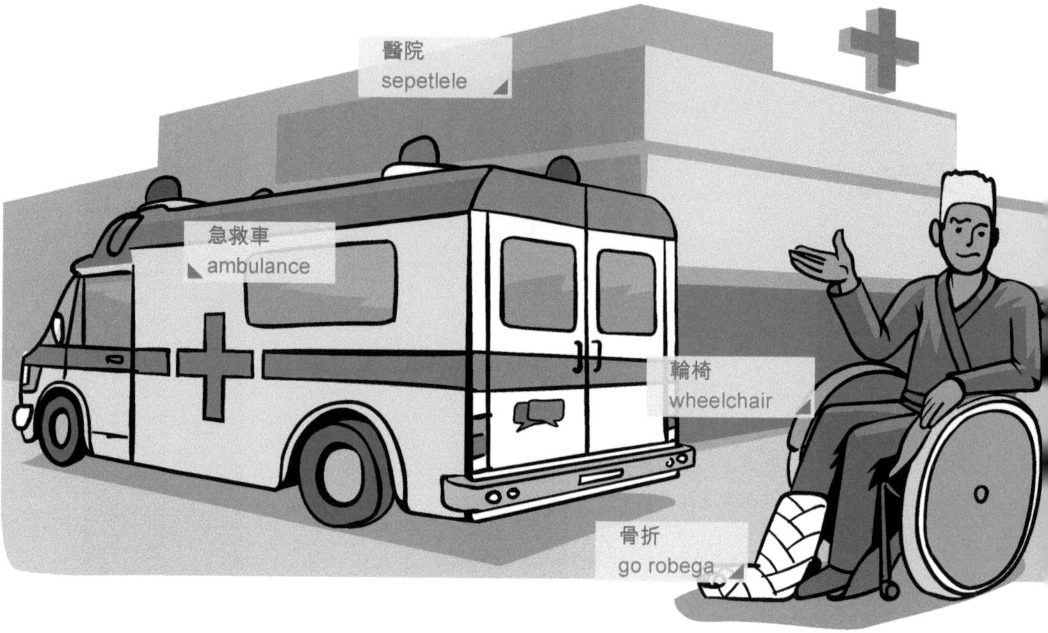

醫院
sepetlele
急救車
ambulance
輪椅
wheelchair
骨折
go robega

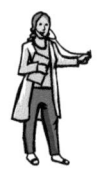

醫師

ngaka

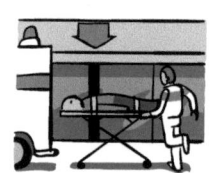

急診室

phapoši ya tša tšhoganetšo

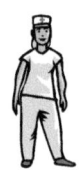

護理師

mooki

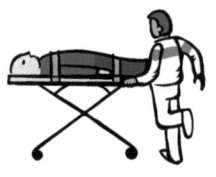

緊急情形

tšhoganetšo

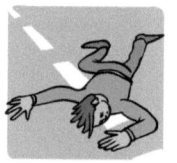

昏迷

go idibala

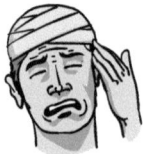

痛

bohloko

受傷

go gobala

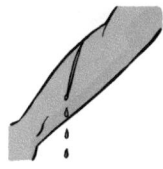

出血

go tšwa madi

心臟病發作

bolwetši bja pelo

中風

setorouko

過敏

ge mmele o ganana le dijo

咳嗽

go gohlola

發燒

go gohlola

流感

sehuba

腹瀉

letšhollo

頭痛

go opa ke hlogo

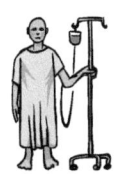

癌症

kankere

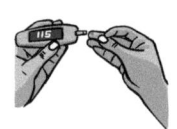

糖尿病

swikiri

外科醫師

mmui

手術刀

thipa ya scalpel

手術

go bulwa

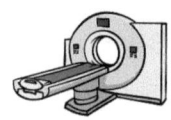

電腦斷層掃描

CT

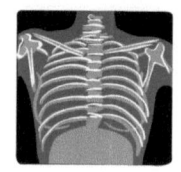

X光

x-ray

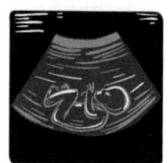

超音波

ultrasound

口罩

sethiba sefahlego

疾病

bolwetši

候診室

phapoši ya go leta

拐杖

lehlotlo

石膏

sedirišwa sa plaster

繃帶

lešela la ntho

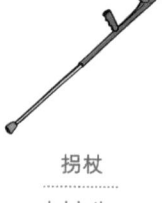

注射

nalete

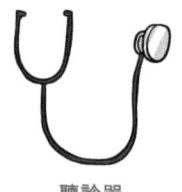

聽診器

sthehosekoupo

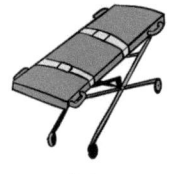

擔架

seteretšhara

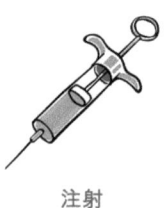

體溫計

themoketha ya kgathelelo

出生

go belebga

超重

mmele o mogolo

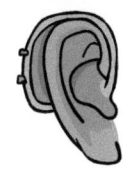

助聽器

sethuša ditsebe

消毒液

disinfectant

感染

twatši

病毒

baerase

愛滋病

HIV / AIDS

藥物

dihlare

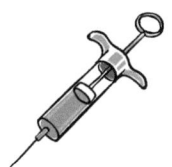

接種疫苗

tlhabelo ya go thibela
malwetši

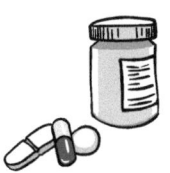

藥片

dipilisi

藥丸

pilisi

急救電話

mogala wa tšhoganetšo

血壓計

sehlahlobi sa pelo

生病/健康

go babja / phetše gabotse

救命！

Thušo!

警報

alamo

突擊

go tšhošetšwa

攻擊

tlhaselo

危險

kotsi

緊急出口

go tšwa ka tšhoganetšo

失火了！

Mollo!

滅火器

setimamollo

意外

kotsi

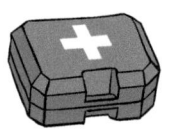

急救箱

first-aid kit

呼救訊號

SOS

員警

maphodisa

歐洲

Yuropa

北美洲

Amerika Bodikela

南美洲

Amerika Borwa

非洲

Afrika

亞洲

Asia

澳洲

Australia

大西洋

Atlantic

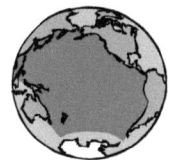

太平洋

Pacific

印度洋

Lewatle la India

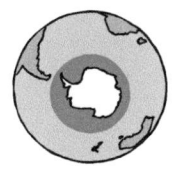

南冰洋

Lewatle la Antarctic

北冰洋

Lewatle la Arctic

北極

North Pole

南極
South Pole

南極洲
Antarctica

地球
Lefase

陸地
naga

海
noka

島
island

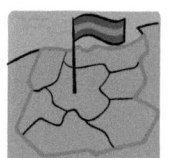

國家
naga

州
state

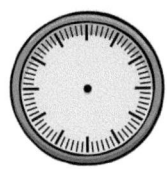

錶盤

ešupanako sa dinomoro

時針

diiri tša sešupanako

分針

metsotso ya sešupanako

秒針

metsotswana ya
sešupanako

現在幾點？

Ke nako mang?

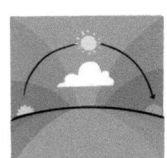

天

letšatši

時間

nako

現在

gona bjale

電子錶

sešupanako sa dinomoro

分

metsotso

時

iri

週

beke

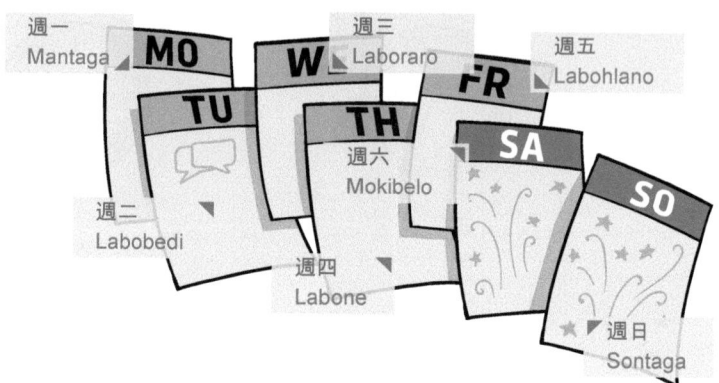

週一
Mantaga

週二
Labobedi

週三
Laboraro

週四
Labone

週五
Labohlano

週六
Mokibelo

週日
Sontaga

昨天

maobane

今天

lehono

明天

ka moswana

早晨

mesong

中午

Thapama

晚上

mantšiboa

工作日

matšatši a kgwebo

週末

mafelobeke

年

ngwaga

彩虹
molalatladi
雨
pula
雪
lehlwa
風
phefo
春
seruthwane
秋
lehlabula
夏
selemo
冬
marega

4.APRIL 11°
5.APRIL 4°
6.APRIL 13°
7.APRIL 8°
8.APRIL 10°

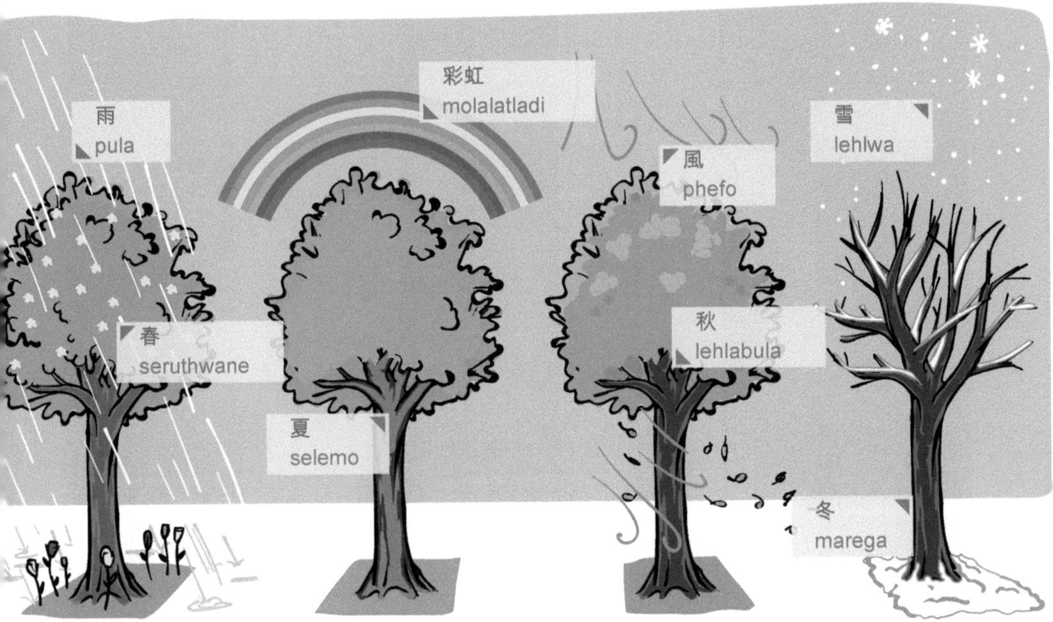

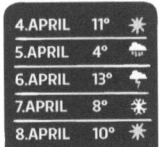

天氣預告

tsebišo ya leratadima

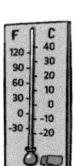

溫度計

thermometer

陽光

mahlasedi a letšatši

雲

maru

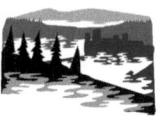

霧

kgudi

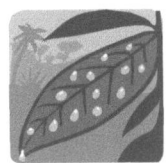

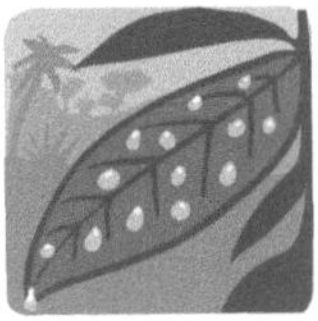

潮濕

go koloba

閃電

legadima

打雷

legadima

風暴

ledimo

冰雹

sefako

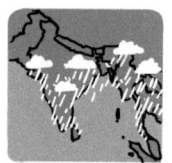

季風

ledimo

洪水

lefula

冰

lehlwa

一月

January

二月

February

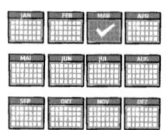

三月

March

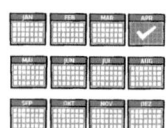

四月

April

五月

May

六月

June

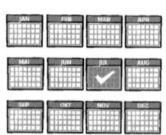

七月

July

八月

August

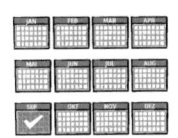

九月

September

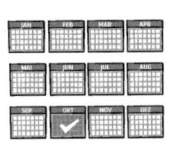

十月

October

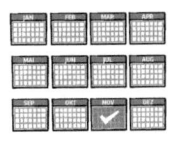

十一月

November

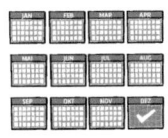

十二月

December

形狀

dibopego

圓形

nthokolo

正方形

sekwere

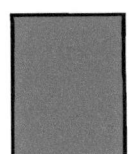

長方形

rectangle

三角形

theraekele

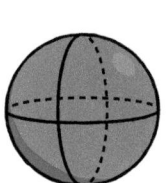

球體

nthokolo

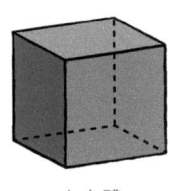

立方體

cube

白
tshweu

黃
kheri

橙
namone

粉
pinki

紅
khubedu

紫
phepholo

藍
pududu

綠
tala

棕
tshehla

灰
kerei

黑
bontsho

很多/少許

se dintši / tše dinyenyane

生氣/平靜

befetšwe / theotše maswafo

美/醜

botse / befile

首/尾

mathomo / mafelelo

大/小

kgolo / nyenyane

明/暗

seetša / leswiswi

兄弟/姐妹

abuti / sesi

乾淨/骯髒

hlwekile / ditšhila

完整/缺失

feletše / ga se e felele

白天/晚上

mosegare / bošego

死/生

hwile / o sa phela

寬/窄

go bulega / go tswalelega

可食用/非食用

e a jega / ga e jege

邪惡/善良

bobe / go loka

興奮/無聊

mahlahlo / go tšwafa

胖/瘦

bokoto / bosese

第一/最後

mathomo / mafelelo

朋友/敵人

mogwera / lenaba

滿/空

e tletše / ga e na selo

硬/軟

tiile / e bonolo

重/輕

ya roba / e bobebo

餓/渴

tlala / mokhoro

生病/健康

go babja / phetše gabotse

非法/合法

ga e molaong / e molaong

聰明/愚笨

bohlale / lešilo

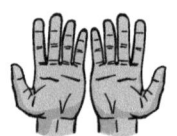

左/右

le letshadi / le letona

近/遠

kgaufsi / kgole

新/舊

mapsha / e dirišitšwe

沒有/有些

selo / se sengwe

老/幼

motšofadi / mofsa

開/關

laeta / tima

打開/闔上

bula / tswalela

安靜/吵鬧

homola / rasa

富/窮

go huma / go diila

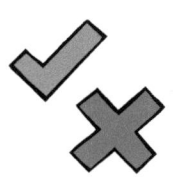

對/錯

e lokilego / e sa lokago

粗糙/光滑

makgwakgwa / go thelela

傷心/高興

go nyama / go thaba

短/長

mokopana / motelele

慢/快

go nanya / go kitima

濕/乾

go koloba / go oma

溫暖/涼爽

borutho / go tonya

戰爭/和平

ntwa / khutšo

0

零

nnoto

1

一

tee

2

二

pedi

3

三

tharo

4

四

nne

5

五

tlhano

6

六

tshela

7

七

šupa

8

八

seswai

9

九

senyane

10

十

lesome

11

十一

lesome tee

12
十二
lesome pedi

13
十三
lesome tharo

14
十四
lesome nne

15
十五
lesome tlhano

16
十六
lesome tshela

17
十七
lesome šupa

18
十八
lesome seswai

19
十九
lesome senyane

20
二十
masomepedi

100
百
lekgolo

1.000
千
sekete

1.000.000
百萬
milione

英語

Seisemane

美式英語

Seisemane sa Amerika

普通話

Sechina sa Mandarin

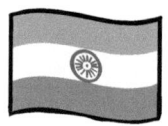

印地語

Sehindi

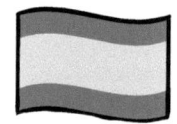

西班牙語

Spanish

法語

Sefora

阿拉伯語

Searabic

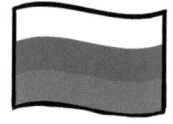

俄語

Serašia

葡萄牙語

Sepotokisi

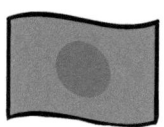

孟加拉語

Sebengali

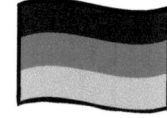

德語

Sejeremane

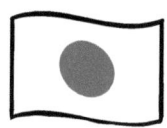

日語

Sefapane

我
Nna

你
wena

他/她/它
yena / yona

我們
rena

你們
wena

他們
bona

誰？
bomang?

什麼？
eng?

如何？
bjang?

何處？
mo kae?

何時？
neng?

名字
leina

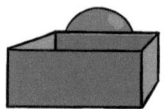

後面

ka morago

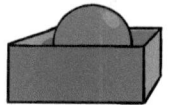

裡面

go

前面

kgaufsi le

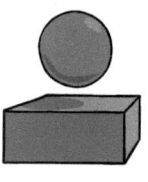

上方

godimo ga

上面

go

下麵

ka tlase ga

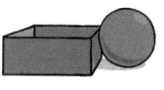

旁邊

ka lehlakoreng la

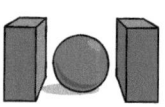

中間

magareng ga

地點

lefelo